2022
WEEKLY PLANNER

BELONGS TO:

_____

FIND US ON INSTAGRAM!

@prettysimplebooks

Questions & Customer Service:
Email us at prettysimplebooks@gmail.com!

Pretty Simple Planner
© Pretty Simple Books. All rights reserved. No part of this publication may be reproduced, distributed, or transmitted, in any form or by any means, including photocopying, recording, or other electronic or mechanical methods, without prior written permission of the publisher, except in the case of brief quotations embodied in critical reviews and certain other noncommercial uses permitted by copyright law.

Year in Review

JANUARY
Su	Mo	Tu	We	Th	Fr	Sa
						1
2	3	4	5	6	7	8
9	10	11	12	13	14	15
16	17	18	19	20	21	22
23	24	25	26	27	28	29
30	31					

FEBRUARY
Su	Mo	Tu	We	Th	Fr	Sa
		1	2	3	4	5
6	7	8	9	10	11	12
13	14	15	16	17	18	19
20	21	22	23	24	25	26
27	28					

MARCH
Su	Mo	Tu	We	Th	Fr	Sa
		1	2	3	4	5
6	7	8	9	10	11	12
13	14	15	16	17	18	19
20	21	22	23	24	25	26
27	28	29	30	31		

APRIL
Su	Mo	Tu	We	Th	Fr	Sa
					1	2
3	4	5	6	7	8	9
10	11	12	13	14	15	16
17	18	19	20	21	22	23
24	25	26	27	28	29	30

MAY
Su	Mo	Tu	We	Th	Fr	Sa
1	2	3	4	5	6	7
8	9	10	11	12	13	14
15	16	17	18	19	20	21
22	23	24	25	26	27	28
29	30	31				

JUNE
Su	Mo	Tu	We	Th	Fr	Sa
			1	2	3	4
5	6	7	8	9	10	11
12	13	14	15	16	17	18
19	20	21	22	23	24	25
26	27	28	29	30		

JULY
Su	Mo	Tu	We	Th	Fr	Sa
					1	2
3	4	5	6	7	8	9
10	11	12	13	14	15	16
17	18	19	20	21	22	23
24	25	26	27	28	29	30
31						

AUGUST
Su	Mo	Tu	We	Th	Fr	Sa
	1	2	3	4	5	6
7	8	9	10	11	12	13
14	15	16	17	18	19	20
21	22	23	24	25	26	27
28	29	30	31			

SEPTEMBER
Su	Mo	Tu	We	Th	Fr	Sa
				1	2	3
4	5	6	7	8	9	10
11	12	13	14	15	16	17
18	19	20	21	22	23	24
25	26	27	28	29	30	

OCTOBER
Su	Mo	Tu	We	Th	Fr	Sa
						1
2	3	4	5	6	7	8
9	10	11	12	13	14	15
16	17	18	19	20	21	22
23	24	25	26	27	28	29
30	31					

NOVEMBER
Su	Mo	Tu	We	Th	Fr	Sa
		1	2	3	4	5
6	7	8	9	10	11	12
13	14	15	16	17	18	19
20	21	22	23	24	25	26
27	28	29	30			

DECEMBER
Su	Mo	Tu	We	Th	Fr	Sa
				1	2	3
4	5	6	7	8	9	10
11	12	13	14	15	16	17
18	19	20	21	22	23	24
25	26	27	28	29	30	31

January 2022

SUNDAY	MONDAY	TUESDAY	WEDNESDAY
2	3	4	5
9	10	11	12
16	17 MARTIN LUTHER KING JR. DAY	18	19 National Popcorn Day
23 / 30	24 / 31	25	26

[If your actions inspire others to dream more, learn more, do more and become more, you are a leader. – John Quincy Adams]

THURSDAY	FRIDAY	SATURDAY
		1 NEW YEAR'S DAY
6	7	8
13	14	15
20	21	22
27	28	29

NOTES

MON · DECEMBER 27, 2021

TUE · DECEMBER 28, 2021

WED · DECEMBER 29, 2021

THU · DECEMBER 30, 2021

FRI · DECEMBER 31, 2021

NEW YEAR'S EVE

SAT · JANUARY 1, 2022

NEW YEAR'S DAY

SUN · JANUARY 2, 2022

▰ MON · JANUARY 3, 2022

▰ TUE · JANUARY 4, 2022

▰ WED · JANUARY 5, 2022

THU · JANUARY 6, 2022

FRI · JANUARY 7, 2022

SAT · JANUARY 8, 2022

SUN · JANUARY 9, 2022

MON • JANUARY 10, 2022

TUE • JANUARY 11, 2022

WED • JANUARY 12, 2022

THU · JANUARY 13, 2022

FRI · JANUARY 14, 2022

SAT · JANUARY 15, 2022

SUN · JANUARY 16, 2022

MON • JANUARY 17, 2022

MARTIN LUTHER KING JR. DAY

TUE • JANUARY 18, 2022

WED • JANUARY 19, 2022

THU • JANUARY 20, 2022

FRI • JANUARY 21, 2022

SAT • JANUARY 22, 2022

SUN • JANUARY 23, 2022

▶ MON • JANUARY 24, 2022

▶ TUE • JANUARY 25, 2022

▶ WED • JANUARY 26, 2022

THU · JANUARY 27, 2022

FRI · JANUARY 28, 2022

SAT · JANUARY 29, 2022

SUN · JANUARY 30, 2022

february 2022

SUNDAY	MONDAY	TUESDAY	WEDNESDAY
		1	2
6	7	8	9
13	14 VALENTINE'S DAY	15	16
20	21 PRESIDENTS' DAY	22	23
27	28		

[Love inspires, illuminates, designates, and leads the way.
— Mary Baker Eddy]

THURSDAY	FRIDAY	SATURDAY	NOTES
3	4	5	
10	11 *Make a friend Day*	12	
17	18	19	
24	25	26	

MON · JANUARY 31, 2022

TUE · FEBRUARY 1, 2022

WED · FEBRUARY 2, 2022

THU · FEBRUARY 3, 2022

FRI · FEBRUARY 4, 2022

SAT · FEBRUARY 5, 2022

SUN · FEBRUARY 6, 2022

MON · FEBRUARY 7, 2022

TUE · FEBRUARY 8, 2022

WED · FEBRUARY 9, 2022

THU · FEBRUARY 10, 2022

FRI · FEBRUARY 11, 2022

SAT · FEBRUARY 12, 2022

SUN · FEBRUARY 13, 2022

MON • FEBRUARY 14, 2022

VALENTINE'S DAY

TUE • FEBRUARY 15, 2022

WED • FEBRUARY 16, 2022

THU · FEBRUARY 17, 2022

FRI · FEBRUARY 18, 2022

SAT · FEBRUARY 19, 2022

SUN · FEBRUARY 20, 2022

MON · FEBRUARY 21, 2022

PRESIDENTS' DAY

TUE · FEBRUARY 22, 2022

WED · FEBRUARY 23, 2022

THU • FEBRUARY 24, 2022

FRI • FEBRUARY 25, 2022

SAT • FEBRUARY 26, 2022

SUN • FEBRUARY 27, 2022

March 2022

SUNDAY	MONDAY	TUESDAY	WEDNESDAY
		1	2
6	7	8	9
13 *DAYLIGHT SAVINGS BEGINS*	14 *National Pi Day*	15	16
20	21	22	23
27	28	29	30

[One of the first signs of a spirit-filled life is enthusiasm.
— A.B. Simpson]

THURSDAY	FRIDAY	SATURDAY	NOTES
3	4	5	
10	11	12	
17 ST. PATRICK'S DAY	18	19	
24	25	26	
31			

🔖 MON • FEBRUARY 28, 2022

🔖 TUE • MARCH 1, 2022

🔖 WED • MARCH 2, 2022

THU · MARCH 3, 2022

FRI · MARCH 4, 2022

SAT · MARCH 5, 2022

SUN · MARCH 6, 2022

▎MON • MARCH 7, 2022

▎TUE • MARCH 8, 2022

▎WED • MARCH 9, 2022

THU · MARCH 10, 2022

FRI · MARCH 11, 2022

SAT · MARCH 12, 2022

SUN · MARCH 13, 2022

DAYLIGHT SAVINGS BEGINS

▐ MON • MARCH 14, 2022

▐ TUE • MARCH 15, 2022

▐ WED • MARCH 16, 2022

THU · MARCH 17, 2022

ST. PATRICK'S DAY

FRI · MARCH 18, 2022

SAT · MARCH 19, 2022

SUN · MARCH 20, 2022

🏴 MON • MARCH 21, 2022

🏴 TUE • MARCH 22, 2022

🏴 WED • MARCH 23, 2022

THU · MARCH 24, 2022

FRI · MARCH 25, 2022

SAT · MARCH 26, 2022

SUN · MARCH 27, 2022

MON • MARCH 28, 2022

TUE • MARCH 29, 2022

WED • MARCH 30, 2022

THU • MARCH 31, 2022

FRI • APRIL 1, 2022

SAT • APRIL 2, 2022

SUN • APRIL 3, 2022

April 2022

SUNDAY	MONDAY	TUESDAY	WEDNESDAY
3	4	5	6
10 *National Siblings Day*	11	12	13
17 EASTER	18	19	20
24	25	26	27

> In the small matters trust the mind, the large ones the heart.
> - Sigmund Freud

THURSDAY	FRIDAY	SATURDAY	NOTES
	1	2	
7	8	9	
14	15 GOOD FRIDAY	16	
21	22 EARTH DAY	23	
28	29	30	

MON · APRIL 4, 2022

TUE · APRIL 5, 2022

WED · APRIL 6, 2022

THU · APRIL 7, 2022

FRI · APRIL 8, 2022

SAT · APRIL 9, 2022

SUN · APRIL 10, 2022

▰ MON · APRIL 11, 2022

▰ TUE · APRIL 12, 2022

▰ WED · APRIL 13, 2022

THU · APRIL 14, 2022

FRI · APRIL 15, 2022

GOOD FRIDAY

SAT · APRIL 16, 2022

SUN · APRIL 17, 2022

EASTER

MON • APRIL 18, 2022

TUE • APRIL 19, 2022

WED • APRIL 20, 2022

THU · APRIL 21, 2022

FRI · APRIL 22, 2022

EARTH DAY

SAT · APRIL 23, 2022

SUN · APRIL 24, 2022

MON · APRIL 25, 2022

TUE · APRIL 26, 2022

WED · APRIL 27, 2022

THU • APRIL 28, 2022

FRI • APRIL 29, 2022

SAT • APRIL 30, 2022

SUN • MAY 1, 2022

May 2022

SUNDAY	MONDAY	TUESDAY	WEDNESDAY
1	2	3	4
8 MOTHER'S DAY	9	10	11
15	16	17	18
22	23	24	25
29	30 MEMORIAL DAY	31	

[**For success, attitude is equally as important as ability.**
— Walter Scott]

THURSDAY	FRIDAY	SATURDAY	NOTES
5 *Cinco de Mayo*	6	7	
12	13	14	
19	20	21	
26	27	28	

MON • MAY 2, 2022

TUE • MAY 3, 2022

WED • MAY 4, 2022

THU • MAY 5, 2022

FRI • MAY 6, 2022

SAT • MAY 7, 2022

SUN • MAY 8, 2022

MOTHER'S DAY

MON • MAY 9, 2022

TUE • MAY 10, 2022

WED • MAY 11, 2022

THU · MAY 12, 2022

FRI · MAY 13, 2022

SAT · MAY 14, 2022

SUN · MAY 15, 2022

🔖 MON • MAY 16, 2022

🔖 TUE • MAY 17, 2022

🔖 WED • MAY 18, 2022

THU · MAY 19, 2022

FRI · MAY 20, 2022

SAT · MAY 21, 2022

SUN · MAY 22, 2022

MON · MAY 23, 2022

TUE · MAY 24, 2022

WED · MAY 25, 2022

THU • MAY 26, 2022

FRI • MAY 27, 2022

SAT • MAY 28, 2022

SUN • MAY 29, 2022

June 2022

SUNDAY	MONDAY	TUESDAY	WEDNESDAY
			1
5	6	7	8
12	13	14 FLAG DAY	15
19 FATHER'S DAY	20	21 World Music Day	22
26	27	28	29

[The value of an idea lies in the using of it.
— Thomas Edison]

THURSDAY	FRIDAY	SATURDAY	NOTES
2	3	4	
	National Donut Day		
9	10	11	
16	17	18	
23	24	25	
30			

MON · MAY 30, 2022

MEMORIAL DAY

TUE · MAY 31, 2022

WED · JUNE 1, 2022

THU · JUNE 2, 2022

FRI · JUNE 3, 2022

SAT · JUNE 4, 2022

SUN · JUNE 5, 2022

🔖 MON • JUNE 6, 2022

🔖 TUE • JUNE 7, 2022

🔖 WED • JUNE 8, 2022

THU · JUNE 9, 2022

FRI · JUNE 10, 2022

SAT · JUNE 11, 2022

SUN · JUNE 12, 2022

MON · JUNE 13, 2022

TUE · JUNE 14, 2022

FLAG DAY

WED · JUNE 15, 2022

THU • JUNE 16, 2022

FRI • JUNE 17, 2022

SAT • JUNE 18, 2022

SUN • JUNE 19, 2022

FATHER'S DAY

MON • JUNE 20, 2022

TUE • JUNE 21, 2022

WED • JUNE 22, 2022

THU · JUNE 23, 2022

FRI · JUNE 24, 2022

SAT · JUNE 25, 2022

SUN · JUNE 26, 2022

MON • JUNE 27, 2022

TUE • JUNE 28, 2022

WED • JUNE 29, 2022

THU · JUNE 30, 2022

FRI · JULY 1, 2022

SAT · JULY 2, 2022

SUN · JULY 3, 2022

July 2022

SUNDAY	MONDAY	TUESDAY	WEDNESDAY
3	4 **INDEPENDENCE DAY**	5	6
10	11	12	13
17 *National Ice Cream Day*	18	19	20
24 / 31	25	26	27

[Live in the sunshine, swim the sea and drink the wild air.
— Ralph Waldo Emerson]

THURSDAY	FRIDAY	SATURDAY	NOTES
	1	2	
7	8	9	
14	15	16	
21	22	23	
28	29	30	

▌MON · JULY 4, 2022

INDEPENDENCE DAY

▌TUE · JULY 5, 2022

▌WED · JULY 6, 2022

THU • JULY 7, 2022

FRI • JULY 8, 2022

SAT • JULY 9, 2022

SUN • JULY 10, 2022

🔖 MON • JULY 11, 2022

🔖 TUE • JULY 12, 2022

🔖 WED • JULY 13, 2022

THU · JULY 14, 2022

FRI · JULY 15, 2022

SAT · JULY 16, 2022

SUN · JULY 17, 2022

🔖 MON • JULY 18, 2022

🔖 TUE • JULY 19, 2022

🔖 WED • JULY 20, 2022

THU · JULY 21, 2022

FRI · JULY 22, 2022

SAT · JULY 23, 2022

SUN · JULY 24, 2022

MON · JULY 25, 2022

TUE · JULY 26, 2022

WED · JULY 27, 2022

THU • JULY 28, 2022

FRI • JULY 29, 2022

SAT • JULY 30, 2022

SUN • JULY 31, 2022

August 2022

SUNDAY	MONDAY	TUESDAY	WEDNESDAY
	1	2	3
7	8	9 *Book Lovers Day*	10
14	15	16 *Tell a Joke Day*	17
21	22	23	24
28	29	30	31

[The secret of getting ahead is getting started.
— Mark Twain]

THURSDAY	FRIDAY	SATURDAY
4	5	6
11	12	13
18	19	20
25	26 *National Dog Day*	27

NOTES

MON · AUGUST 1 2022

TUE · AUGUST 2, 2022

WED · AUGUST 3, 2022

THU · AUGUST 4, 2022

FRI · AUGUST 5, 2022

SAT · AUGUST 6, 2022

SUN · AUGUST 7, 2022

MON · AUGUST 8, 2022

TUE · AUGUST 9, 2022

WED · AUGUST 10, 2022

THU · AUGUST 11, 2022

FRI · AUGUST 12, 2022

SAT · AUGUST 13, 2022

SUN · AUGUST 14, 2022

MON · AUGUST 15, 2022

TUE · AUGUST 16, 2022

WED · AUGUST 17, 2022

THU · AUGUST 18, 2022

FRI · AUGUST 19, 2022

SAT · AUGUST 20, 2022

SUN · AUGUST 21, 2022

▰ MON • AUGUST 22, 2022

▰ TUE • AUGUST 23, 2022

▰ WED • AUGUST 24, 2022

THU · AUGUST 25, 2022

FRI · AUGUST 26, 2022

SAT · AUGUST 27, 2022

SUN · AUGUST 28, 2022

MON • AUGUST 29, 2022

TUE • AUGUST 30, 2022

WED • AUGUST 31, 2022

🚩 THU · SEPTEMBER 1, 2022

🚩 FRI · SEPTEMBER 2, 2022

🚩 SAT · SEPTEMBER 3, 2022

🚩 SUN · SEPTEMBER 4, 2022

September 2022

SUNDAY	MONDAY	TUESDAY	WEDNESDAY
4	5 LABOR DAY	6	7
11	12	13	14
18	19	20	21 *World Gratitude Day*
25	26 ROSH HASHANAH	27	28

[**Life is something that everyone should try at least once.**
- Henry J. Tillman]

THURSDAY	FRIDAY	SATURDAY	NOTES
1	2	3	
8	9	10	
15	16	17	
22	23	24	
29	30		

MON · SEPTEMBER 5, 2022

LABOR DAY

TUE · SEPTEMBER 6, 2022

WED · SEPTEMBER 7, 2022

THU · SEPTEMBER 8, 2022

FRI · SEPTEMBER 9, 2022

SAT · SEPTEMBER 10, 2022

SUN · SEPTEMBER 11, 2022

MON • SEPTEMBER 12, 2022

TUE • SEPTEMBER 13, 2022

WED • SEPTEMBER 14, 2022

THU · SEPTEMBER 15, 2022

FRI · SEPTEMBER 16, 2022

SAT · SEPTEMBER 17, 2022

SUN · SEPTEMBER 18, 2022

MON · SEPTEMBER 19, 2022

TUE · SEPTEMBER 20, 2022

WED · SEPTEMBER 21, 2022

THU • SEPTEMBER 22, 2022

FRI • SEPTEMBER 23, 2022

SAT • SEPTEMBER 24, 2022

SUN • SEPTEMBER 25, 2022

MON • SEPTEMBER 26, 2022

ROSH HASHANAH

TUE • SEPTEMBER 27, 2022

WED • SEPTEMBER 28, 2022

THU · SEPTEMBER 29, 2022

FRI · SEPTEMBER 30, 2022

SAT · OCTOBER 1, 2022

SUN · OCTOBER 2, 2022

October 2022

SUNDAY	MONDAY	TUESDAY	WEDNESDAY
2	3	4 *National Taco Day*	5 YOM KIPPUR
9	10 INDIGENOUS PEOPLES' DAY	11	12
16	17	18	19
23 / 30	24 / 31 HALLOWEEN	25	26

[**I am not afraid; I was born to do this.**
- Joan of Arc]

THURSDAY	FRIDAY	SATURDAY	NOTES
		1	
6	7 *World Smile Day*	8	
13	14	15	
20	21	22	
27	28	29	

MON · OCTOBER 3, 2022

TUE · OCTOBER 4, 2022

WED · OCTOBER 5, 2022

YOM KIPPUR

THU · OCTOBER 6, 2022

FRI · OCTOBER 7, 2022

SAT · OCTOBER 8, 2022

SUN · OCTOBER 9, 2022

MON · OCTOBER 10, 2022

INDIGENOUS PEOPLES' DAY

TUE · OCTOBER 11, 2022

WED · OCTOBER 12, 2022

THU · OCTOBER 13, 2022

FRI · OCTOBER 14, 2022

SAT · OCTOBER 15, 2022

SUN · OCTOBER 16, 2022

MON · OCTOBER 17, 2022

TUE · OCTOBER 18, 2022

WED · OCTOBER 19, 2022

THU · OCTOBER 20, 2022

FRI · OCTOBER 21, 2022

SAT · OCTOBER 22, 2022

SUN · OCTOBER 23, 2022

MON · OCTOBER 24, 2022

TUE · OCTOBER 25, 2022

WED · OCTOBER 26, 2022

THU · OCTOBER 27, 2022

FRI · OCTOBER 28, 2022

SAT · OCTOBER 29, 2022

SUN · OCTOBER 30, 2022

november 2022

SUNDAY	MONDAY	TUESDAY	WEDNESDAY
		1	2
6 DAYLIGHT SAVINGS ENDS	7	8	9
13 World Kindness Day	14	15	16
20	21	22	23
27	28	29	30

[True happiness is to enjoy the present, without anxious dependence on the future. — Seneca]

THURSDAY	FRIDAY	SATURDAY	NOTES
3	4	5	
10	11 VETERANS DAY	12	
17	18	19	
24 THANKSGIVING	25	26	

MON · OCTOBER 31, 2022

HALLOWEEN

TUE · NOVEMBER 1, 2022

WED · NOVEMBER 2, 2022

THU • NOVEMBER 3, 2022

FRI • NOVEMBER 4, 2022

SAT • NOVEMBER 5, 2022

SUN • NOVEMBER 6, 2022

DAYLIGHT SAVINGS ENDS

MON · NOVEMBER 7, 2022

TUE · NOVEMBER 8, 2022

WED · NOVEMBER 9, 2022

THU • NOVEMBER 10, 2022

FRI • NOVEMBER 11, 2022

VETERANS DAY

SAT • NOVEMBER 12, 2022

SUN • NOVEMBER 13, 2022

MON • NOVEMBER 14, 2022

TUE • NOVEMBER 15, 2022

WED • NOVEMBER 16, 2022

THU • NOVEMBER 17, 2022

FRI • NOVEMBER 18, 2022

SAT • NOVEMBER 19, 2022

SUN • NOVEMBER 20, 2022

MON • NOVEMBER 21, 2022

TUE • NOVEMBER 22, 2022

WED • NOVEMBER 23, 2022

THU • NOVEMBER 24, 2022

THANKSGIVING

FRI • NOVEMBER 25, 2022

SAT • NOVEMBER 26, 2022

SUN • NOVEMBER 27, 2022

MON • NOVEMBER 28, 2022

HANUKKAH

TUE • NOVEMBER 29, 2022

WED • NOVEMBER 30, 2022

THU · DECEMBER 1, 2022

FRI · DECEMBER 2, 2022

SAT · DECEMBER 3, 2022

SUN · DECEMBER 4, 2022

December 2022

SUNDAY	MONDAY	TUESDAY	WEDNESDAY
4	5	6	7
11	12	13	14
18 HANUKKAH	19	20	21
25 CHRISTMAS DAY	26 KWANZAA	27	28

[The good we do today becomes the happiness of tomorrow.
– William James]

THURSDAY	FRIDAY	SATURDAY	NOTES
1	2	3	
8	9	10	
15	16	17	
22	23	24 CHRISTMAS EVE	
29	30	31 NEW YEAR'S EVE	

MON · DECEMBER 5, 2022

TUE · DECEMBER 6, 2022

WED · DECEMBER 7, 2022

THU • DECEMBER 8, 2022

FRI • DECEMBER 9, 2022

SAT • DECEMBER 10, 2022

SUN • DECEMBER 11, 2022

MON · DECEMBER 12, 2022

TUE · DECEMBER 13, 2022

WED · DECEMBER 14, 2022

THU · DECEMBER 15, 2022

FRI · DECEMBER 16, 2022

SAT · DECEMBER 17, 2022

SUN · DECEMBER 18, 2022

HANUKKAH

MON • DECEMBER 19, 2022

TUE • DECEMBER 20, 2022

WED • DECEMBER 21, 2022

THU · DECEMBER 22, 2022

FRI · DECEMBER 23, 2022

SAT · DECEMBER 24, 2022

CHRISTMAS EVE

SUN · DECEMBER 25, 2022

CHRISTMAS DAY

🔖 **MON • DECEMBER 26, 2022**

KWANZAA

🔖 **TUE • DECEMBER 27, 2022**

🔖 **WED • DECEMBER 28, 2022**

THU • DECEMBER 29, 2022

FRI • DECEMBER 30, 2022

SAT • DECEMBER 31, 2022

NEW YEAR'S EVE

SUN • JANUARY 1, 2023

NEW YEAR'S DAY

Made in the USA
Monee, IL
17 November 2021